35 TIER-GESCHICHTEN

Aus dem Französischen
nach Fabeln von La Fontaine
und anderen Geschichten nacherzählt
von Brigitte Noder
Bilder von Xavier Saint-Justh
und Romain Simon

Pestalozzi-Verlag, D 8520 Erlangen

Die Kaninchen

Die Kaninchen liegen in ihrem Stall auf herrlichem Stroh. Die kleinen Kaninchenkinder kuscheln sich an ihre Mutter. Aufmerksam spitzen sie die Ohren und lauschen!
Ihre Mutter futtert ungerührt den frischen Klee. Die Kleinen haben leckere Mohrrüben bekommen.

Mit großen, dunklen Augen schauen die vier in die Welt. Sie lassen sich gerne zärtlich hinter den Ohren kraulen, und ihr weiches Fell glänzt seidig in der Sonne.

Die Schildkröte und die beiden Enten

Es war einmal eine alte Schildkröte, die war sehr unzufrieden. Die Enge ihrer Umgebung gefiel ihr nicht mehr – sie sehnte sich danach, ferne Länder zu sehen. Eines Tages erzählte die Schildkröte ihre große Sehnsucht zwei Wildenten, die ganz in der Nähe lebten.

Die Enten waren sehr hilfsbereit. Sie boten der Schildkröte an, mit ihnen zu fliegen. – Und wer hätte sich das gedacht – die Schildkröte nahm den Vorschlag an!

Die Enten suchten sich einen langen Ast und nahmen jede ein Ende davon in den Schnabel. Die Schildkröte

hing zwischen ihnen und hatte sich an dem Stock festgebissen. So konnte sie ohne eigene Anstrengung durch die Luft fliegen – sie durfte nur nicht loslassen!
„O, seht nur, seht!" riefen die Leute auf der Erde, als sie das seltsame Luftgespann sahen. „Das muß die Schildkrötenkönigin sein, die dort oben durch die Luft getragen wird!"
„Ich bin eine Königin!" rief die Schildkröte entzückt. Beim Sprechen hatte sie den Ast losgelassen und zerschmetterte auf der Erde. Wäre sie nicht so dumm und schwatzhaft gewesen, so könnte sie noch immer durch die Luft fliegen und sich bestaunen lassen!

Auf dem Bauernhof

Die Henne führt ihre Küken spazieren. Sie haben noch ihr flauschiges, goldgelbes Aussehen. Doch bald werden sie wie

ihre Eltern in einem prachtvollen Federkleid auf dem Hof herumstolzieren!

Die Ziegen und Schafe weiden auf der anderen Seite des Bauernhauses. Dort gibt es saftige Wiesen mit duftenden Blumen. Der kleine Ziegenbock hat eine Glocke um den Hals. So weiß der Bauer immer, wo sich sein Ziegenbock gerade aufhält. Denn zu gerne macht das Tier größere

Ausflüge und entfernt sich von der Herde! Er ist ein sehr vorwitziger Ziegenbock!

Heute hat er aber auch etwas Besonderes entdeckt! In einem alten Baumstamm hat ein Meisenpärchen ein Nest.

Vor einigen Wochen sind die Jungen ausgeschlüpft. Jetzt sind sie schon kräftig gewachsen und tragen ein dichtes Federkleid. Aber die Eltern haben immer noch viel zu tun, um sie alle satt zu bekommen! Doch bald werden die Jungen das Nest verlassen und ganz selbständig für sich sorgen!

Der Löwe und die Ratte

Ein Löwe ruhte sich von der Jagd aus und hatte sich müde auf dem Boden ausgestreckt. Plötzlich kroch zwischen seinen Pranken eine ahnungslose Ratte aus ihrem Bau. Der Löwe blieb ganz still liegen, um sie nicht zu erschrecken. Mit Freuden dachte er, daß er es war, der sie am Leben ließ.

Es dauerte nicht lange, da machte sich seine Gutmütigkeit bezahlt.

Eines Tages verfing sich der Löwe in einem Fangnetz. Er brüllte vor Überraschung und Zorn und verfing sich immer mehr.

Da kam die Ratte schnell herbei und nagte geduldig Strick um Strick durch, bis der Löwe frei war.

So ist nur der klug, der auch den Geringeren achtet. Denn vielleicht kann gerade dieser einmal die Rettung bringen!

Im Wald

Wenn du das Rotwild im Wald beobachten willst, mußt du sehr leise und vorsichtig sein, denn diese Tiere sind in der

freien Wildbahn sehr scheu! – Liebevoll kümmert sich die Rehkuh um ihre Rehkälbchen.

Ganz in der Nähe der Rehkälbchen lebt eine Igelfrau mit ihren Jungen. Schnecken und Käfer sind wahre Leckerbissen für sie! Die kleinen Igel tragen auch schon kleine, zarte Stacheln.

Nanu! Was ist denn hier passiert? – Herr Igel trägt einen Apfel auf seinem Rücken spazieren!
Am Tag findet man nur selten einen Igel, denn um diese Zeit schlafen sie meist ganz fest in ihrem Versteck. Erst am Abend, wenn es dunkel ist, werden die kleinen Tiere munter.

Das junge Reh

Auf dem Bauernhof herrscht große Aufregung! Der Bauer hat im Wald ein verlassenes Reh gefunden. Behutsam hat er es nach Hause getragen und zieht es nun mit seinen anderen Tieren auf. Neugierig beschnuppert Schnuff, der Hofhund, den Neuankömmling. Doch bald haben die beiden Freundschaft geschlossen und das Rehkälbchen gewöhnt sich auf dem Bauernhof ein. Mißtrauisch beobachtet der Hahn noch von der Ferne das Reh. So ein Tier hat er noch nie zuvor gesehen! Und stolz läuft er an dem Reh vorbei.

Das Fischlein und der Angler

Ein Angler fing einen sehr kleinen und schmächtigen Karpfen. Na ja, dachte der Angler, das ist zwar kein rühmlicher Anfang heute, aber was man hat, das hat man! und er machte das Fischlein von der Angel los und wollte es in seinen Eimer werfen. „Was willst du mit mir?" jammerte der junge Karpfen. „Ich bin noch klein, da wird kaum einer richtig satt. Wirf mich doch wieder ins Wasser zurück, damit ich ein richtiger, großer Karpfen werden kann. Dann lasse ich mich wieder von dir fangen. Für einen großen Karpfen wirst du auch beim Verkauf viel mehr bekommen. Für mich bezahlt man doch kaum ein paar Pfennige!"
Doch der Angler meinte: „Wenn ich dich jetzt zurück ins Wasser werfe, wer weiß, ob ich dich jemals wieder fange! Einmal haben ist besser als zweimal kriegen!"
Und damit warf der Angler sein Fischlein endgültig in den Eimer!

Die Schweinchen

Zweimal im Jahr bekommt das Mutterschwein Junge. Sechzehn bis achtzehn Wochen trägt es seine Jungen im Bauch. Dann kommen sie auf die Welt.

Heute dürfen die kleinen Schweinchen mit ihrer Mutter hinaus ins Freie. Es ist ein warmer Sommertag, und neugierig erkunden die kleinen Schweinchen ihre Umgebung. Die Katze faucht sie aufgeregt an, aber die Schweinchen kann nichts aus der Ruhe bringen. So zieht die Katze schließlich wieder davon.

„Muh!" ruft Liese, die Kuh, zur Begrüßung der kleinen Schweinchen. Sie sind gut bekannt miteinander, denn sie sind Stall-

nachbarn. Zwölf niedliche Ferkel hat das Mutterschwein zur Welt gebracht!

Das Pferd und der Esel

In dieser Welt sollte einer dem anderen helfen, so gut er kann. – Ein Esel zog einen schweren Wagen, und ein Pferd, das nur leichtes Geschirr trug, lief nebenher.
„Ach, bitte!" sagte der Esel, der schon ganz erschöpft war, „willst du mir nicht etwas ziehen helfen? Ich bin am Ende meiner Kraft." –
„Nein!" antwortete das Pferd, „warum soll ich dir ziehen helfen, wenn ich doch völlig frei sein kann?"
Erst als der Esel unter seiner Last gestorben war, sah das Pferd seinen Irrtum ein. Nun mußte es allein den schweren Wagen ziehen, auf dem dazu noch der tote Esel lag. Zum Trost kann man hier nur sagen:
Aus Schaden wird man klug!

Der Greis und seine Kinder

Uneinigkeit macht schwach – das soll die folgende Geschichte beweisen:

Ein Greis, der seinen Tod kommen fühlte, sprach zu seinen Söhnen: „Seht ihr das Bündel Speere auf meinem Nachttisch? Versucht, ob ihr es zerbrechen könnt!"

Der Älteste versuchte es zuerst, doch er konnte das Bündel nicht zerbrechen. Er gab es weiter an den stärkeren Bruder. Der nahm seine ganze Kraft zusammen, doch auch ihm gelang es nicht. Und der Jüngste konnte es auch nicht zerbrechen.

Da nahm der Vater das Bündel und zog die Speere einzeln heraus. So konnte er sie mühelos durchbrechen.

„Ich hoffe, ihr zieht eine Lehre daraus!" sagte der Vater. „Seid einig, wenn ich nicht mehr bei euch bin!"

In der Natur

Christian und Bernd machen Ferien auf dem Bauernhof. Den ganzen Tag verbringen sie draußen. Schnuff, der Hund des Bauern, begleitet sie. Christian hat sich zu Liese auf die Weide gelegt. Erstaunt und mit großen Kuhaugen beobachtet sie den Jungen.
Er spielt eine wunderschöne Melodie auf seiner Flöte. Da kommt ja auch Bernd angerannt. „Wo warst du denn so lange?" fragt

Christian. Die beiden wollen heute noch in den nahen Wald. Vielleicht haben sie Glück und sehen ein Reh oder einen Fuchs!
Christian steckt seine Flöte ein und die beiden gehen los.

Leise wandern sie durch den Wald. Manchmal bleiben sie stehen und lauschen. In das Rauschen der Bäume mischt sich der Ruf eines Kuckucks, aber sie können ihn nicht entdecken. Dafür stoßen sie auf einer Lichtung auf eine Fuchsfamilie. Die Füchsin hat eine

Gans vom Bauern geholt. Hungrig machen sich die kleinen Füchse darüber her. Aus sicherer Entfernung, so daß die Füchsin sie nicht wittern kann, schauen die beiden Jungen zu. Sie stören die Füchse nicht, denn es gibt nur noch wenige in unseren Wäldern.

Vom Frosch, der so groß sein wollte wie ein Ochse

Ein Frosch sitzt in einem feuchten Wiesengrund und ist zufrieden. Er fühlt sich groß und stark den kleineren Tieren gegenüber. Da – plötzlich kommt ein stattlicher Ochse daher und wirft seinen Schatten auf den kleinen Frosch. Ich muß wohl doch noch etwas wachsen, denkt der Frosch. Er dehnt sich und plagt sich und bläst sich auf. Doch er ist immer noch nicht so groß wie der Ochse. Der Frosch pumpt weiter Luft in sich hinein. Er pumpt und pumpt – und platzt mit lautem Knall entzwei.
Der Frosch hat viele Verwandte. Viele leiden an der Großmannssucht – verwunderlich, daß keiner platzt!

Die Grille und die Ameise

Die Grille zirpt und singt den ganzen Tag und macht sich keine Sorgen um irgendetwas. Schließlich ist Sommer – was kümmert sie das Morgen?
Doch eines Tages ist es ziemlich kühl. Der rauhe Nordwind ist gekommen, die Wiesen werden gelb – die Felder sind längst kahl.
Nirgends gibt es etwas zu fressen für die Grille. Da bittet sie in ihrer Not die Ameise. Die Ameise hat Wintervorräte angelegt, während die Grille in den Tag hineinsang. „Hast du im Sommer gesungen, so tanze jetzt. Ich habe im Sommer Vorräte gesammelt und kann jetzt essen!" sagt die Ameise und zieht sich in ihren Bau zurück.

Fohlen und Lämmer

Draußen auf der Koppel sind die Fohlen. Sie fressen jetzt schon das frische Gras und trinken keine Milch mehr.

Auch die jungen Schafe sind jetzt bald soweit. Noch trinken sie Milch bei ihrer Mutter.

Das Fohlen

Auf dem Bauernhof hat die Stute ein Fohlen zur Welt gebracht. Am liebsten bewegt sich das Fohlen draußen auf der Weide. Am Anfang war es noch sehr unsicher auf seinen langen, dünnen Beinen. Aber inzwischen ist es herangewachsen und kräftig geworden.
Im duftenden Gras kann es sich von seinen ausgelassenen Sprüngen erholen. Die Mutter bleibt immer in der Nähe und bewacht es aufmerksam.

Doch bald wird es ihm zu langweilig – immer nur im Gras liegen! – Nein, es möchte seine Kräfte ausprobieren und galoppiert mit wehendem Schweif über die Koppel. Die Stute folgt ihm nebenher.
So vergehen herrliche Sommertage auf der Weide, und bald wird aus dem Fohlen ein ausgewachsenes Pferd.

Zwei Bären

Aus den Bergen stammen diese beiden wuscheligen Bären. Der Bauer hat sie zu sich genommen, weil sie schon sehr früh ihre Mutter verloren haben. Jetzt sind die beiden noch niedlich und harmlos. Aber wenn sie ausgewachsen sind, können sie sehr gefährlich werden!

Dann bringt sie der Bauer auf die andere Seite des Berges. Dort werden sie in Freiheit in einem Naturschutzpark leben.

Das Huhn mit den goldenen Eiern

Geiz und Gier soll man nicht mit Sparsamkeit verwechseln. Ein Beispiel wird das hier beweisen:
Ein Mann besaß ein Huhn, das ihm täglich ein goldenes Ei legte. Aber das war ihm nicht genug. Er wollte die Eier auf einmal haben und schlachtete das Huhn. Er vermutete, das Huhn hätte einen Schatz im Bauch.
Das Huhn aber war innen ein ganz gewöhnliches Huhn, und der Mann hatte sich selbst seines größten Gutes beraubt. So wurde er aus lauter Gier – bettelarm!

Der Fuchs und die Trauben

Seit Tagen irrte der Fuchs hungrig umher. Nicht einmal im Wald hatte er etwas gefangen. So schlich er sich ins Dorf und kam an saftigen Trauben vorbei. Doch sie hingen viel zu hoch. Sie wären mir sowieso zu sauer gewesen! dachte der Fuchs. Tat er nicht gut daran zu spotten statt zu weinen?

Die Entchen

Die Entenfamilie macht einen Ausflug zum nahen Dorfweiher. Im Gänsemarsch sind sie dorthin gezogen. Nun dürfen die kleinen Entenkinder zum ersten Mal ins Wasser. Noch versuchen es einige sehr vorsichtig, die anderen springen gleich mutig hinein. Die Entenmutter paßt gut auf ihre Kleinen auf.

Nach einiger Zeit fühlen sich die jungen Entchen schon wie zu Hause im frischen Wasser. Eifrig schwimmen sie ihren Eltern hinterher. Eine fröhliche Zeit!

Der Fuchs und der Storch

„Der Fuchs ist gar nicht gastfreundlich!" sagten die Tiere untereinander. „Er hat noch niemals jemanden eingeladen. Ja, ja, er ist ein rechter Geizhals!"
Als Geizhals wollte der Fuchs aber doch nicht gelten! So lud er am Samstag den Storch zum Mittagessen ein. Er hatte eine kräftige Suppe gekocht, doch – ach – es reichte kaum für einen, geschweige denn für zwei. Schlau füllte er die Suppe in zwei flache Teller, damit der Storch nicht allzuviel erwische. Hilflos klapperte der Storch mit dem Schnabel. Der Fuchs aber tat, als merke er nichts, und schleckte beide Teller leer.
Um sich für diesen Streich zu rächen, lud der Storch den Fuchs für den Sonntag ein.
Als dieser zur Mittagszeit erschien, stieg ihm der Duft von gebratenem Fleisch in die Nase. Doch als er essen wollte, machte er ein langes Gesicht. Das Fleisch steckte in einer hohen, dünnhalsigen Flasche. Und der Fuchs konnte mit seiner Schnauze nicht hinein. Mit knurrendem Magen schlich er wieder nach Hause. Der Storch aber verspeiste vergnügt beide Portionen.

Im hohen Norden

Übermütig wälzen sich hier zwei Schlittenhunde im Schnee. Meistens ziehen sie die schweren Eskimoschlitten.

Bei uns gibt es keine freilebenden Bären mehr. Nur noch in Naturschutzparks trifft man sie im Wald.

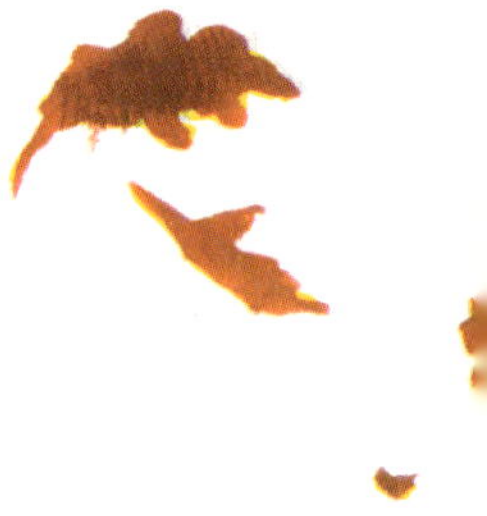

Die Eiche und das Schilfrohr

Stolz reckt die Eiche ihre knorrigen Äste in den Himmel. Mitleidig schaut sie auf das Schilfrohr am Flußufer nieder und meint: „Du bist so schwach, daß du nicht einmal einen Zaunkönig tragen kannst. Mir aber kann auch der wildeste Wintersturm nichts anhaben. Du bist schon zu bedauern, daß du so geduckt am feuchten Ufer dein Leben fristen mußt – als Stiefkind der Natur!" – „Sorge dich nicht um mich!" antwortet das Schilfrohr. „Der Wind kann mich beugen, das ist wahr. Aber er wird mich nicht brechen. Du hingegen bist starr und unbeugsam. Also warten wir ab!"

Eines Tages kommt von Norden her ein fürchterlicher Sturm. Mächtig fährt er durch die ächzenden Äste der Eiche, welche sich nicht beugen kann. Das Schilfrohr dagegen biegt sich unter seiner Kraft und legt sich flach auf den Boden. Wütend schüttelt der Sturm an dem starren Baum. Er verdoppelt seine Kraft und reißt an den Wurzeln. Da geht ein Zittern durch die stolze Eiche. Sie wankt und legt sich mit berstendem Krachen auf die Seite.

Ach, denkt das Schilfrohr dankbar. Ich bin froh, daß ich mich anpassen kann. Was hat die unbeugsame Eiche nun von ihrem Stolz?

Die Fuchsfamilie

Reineke Fuchs ist auf die Jagd gegangen. Seine Jungen haben großen Hunger und warten schon sehnsüchtig, daß er mit Beute

wieder zum Fuchsbau zurückkehrt. Die kleine Maus hat keine Angst vor ihnen.

Schlappohr und Wuff

Schlappohr und Wuff, zwei junge Hunde, machen einen Streifzug durch die nahe Umgebung. Schlappohr hat unten am See einen Schwan aufgestöbert. Doch schnell verläßt ihn der Mut, als das Tier in seiner ganzen

Größe vor ihm steht. Nichts wie weg! denkt Schlappohr und macht sich aus dem Staub. Da war Wuff schon schlauer. Er hat sich mit dem Kälbchen angelegt. Aber das ist so sanft, da kann er bellen soviel er mag!

Als die beiden weiterlaufen, stoßen sie auf eine Katze, die Vögel jagt.

Bellend verscheuchen die beiden Hunde die streunende Katze.
Die Meisen sind sehr glücklich darüber!

Der Wolf und das Lamm

Der Stärkere hat immer Recht – das sieht man schon in der Tierwelt! Eines Tages lief ein schneeweißes Lamm seiner Mutter davon. Die Herde zog im Schutze des Schäfers und der beiden wachsamen Hunde weiter. Das Lämmchen aber sprang unbekümmert in den nahen Wald, wo es schattig und kühl war. Es fand eine Quelle und beugte sich darüber, um seinen Durst zu löschen. Ein hungriger Wolf kam ebenfalls zur Quelle und sah das Lamm.

„Was tust du hier an meiner Quelle?" fragte der Wolf. „Du verschmutzt mir ja das Wasser!" –

„Aber ich trinke doch weit unterhalb der Stelle, an der du trinkst!" verteidigte sich das Lämmchen. „Wie kann ich da das Wasser verschmutzen?"

Doch der Wolf wurde nur noch wütender. „Außerdem", schimpfte er, „was hast du vor einem Jahr für Schauermärchen über mich verbreitet? Dafür mußt du nun büßen!" –

„Vor einem Jahr?" fragte das Lämmchen erstaunt. „Da war ich ja gerade erst geboren!" –

Aber was half dem Lämmchen alles Jammern und Verteidigen? Der Wolf fraß es auf mit Haut und Haar – denn er war eben der Stärkere!

Dachs und Murmeltier

Mutter Dachs ist sehr zufrieden mit ihren Kindern, denn sie bereiten ihr keine Nahrungssorgen. So ein kleiner Dachs frißt

einfach alles! – Im Sommer spielen die Murmeltiere ausgelassen
auf den Bergwiesen.

Der junge Esel

Grauchen, das junge Eselchen, vertreibt sich die Zeit. Es wandert neugierig über die Wiesen des Bauernhofes. Am besten schmecken ihm die bunten Sommerblumen und frische, junge Gräser.

Manchmal bleibt es stehen und stellt seine Ohren auf. Dann lauscht es gespannt auf das Singen eines Vogels oder ein verdächtiges Geräusch.

Als sich das Eselchen langsam dem Gebüsch nähert, ertönt plötzlich ein aufgeregtes Gegacker. Eine Henne mit ihren Küken stürzt völlig erschrocken heraus. Und so schnell sie können, rennen sie davon. Das Eselchen schaut ihnen verdutzt hinterher.

Kleine Erdbewohner

Wie kommt der Apfel auf den Igel? – Ob er ihm auf den Rücken gefallen und in den Stacheln hängengeblieben ist? –

Es heißt auch, daß sich Igel gerne auf dem Rücken wälzen. Vielleicht hat sich so der Apfel an den Stacheln aufgespießt? – Was meinst du dazu? –

So richtig munter wird ein Igel auch nur nachts. Trotzdem müssen sich Schnecken, Käfer und Würmer vor ihm in acht nehmen! Schließlich sind Schnecken wahre Leckerbissen für einen Igel. Schaut euch diese vorwitzige Schnecke an. Sie ist auf einen Pilz geklettert. Die Grille und ein Käfer müssen ihr Kunststück ausgiebig bewundern! Als der Igel kommt, können

die Grille und der Käfer schnell davonspringen. Doch die eitle Schnecke wird die Beute des Igels.

Das Rehkitz

Das junge Reh hat sich ins weiche Gras gelegt und wartet auf seine Mutter. Es genießt die warmen Sonnenstrahlen und schaut den Ameisen zu seinen Füßen zu.

Emsig laufen diese durch das trockene Laub. Eine Meise kommt herbeigeflogen und setzt sich ein bißchen zu dem Reh, um ihm die Zeit zu vertreiben. Das Reh spitzt die Ohren und lauscht auf die Geräusche.
Ein Rebhuhn gesellt sich noch zu ihnen, und die drei schließen Freundschaft.

Wilde Kaninchen und Eichhörnchen

Überall in Feld und Wald kann man die munteren Kaninchen antreffen. Sie knabbern die zartesten Gräser ab und spielen ausgelassen miteinander.

Die Eichhörnchen sind genauso verspielt. Sie jagen die Baumstämme hinauf und hinunter und hüpfen von Ast zu Ast.

Der Rabe und der Fuchs

Ein Rabe sitzt auf einem Baum und hält einen Happen Käse im Schnabel. Reineke Fuchs ist der Duft in die Nase gestiegen, deshalb kommt er schnell herbei und setzt sich unter den Ast, auf dem der Rabe sitzt. „Was bist du für ein stattlicher Vogel!" schmeichelt ihm der Fuchs. „Kannst du auch so schön singen, wie du aussiehst?"

Der Rabe spreizt sein Gefieder vor Stolz. Er reißt den Schnabel auf und läßt den Käse fallen. Der Fuchs fängt ihn geschickt und frißt ihn auf. „Alle Schmeichler leben gut auf Kosten derer, die auf sie hören. Diese Lehre wird dir doch einen Käse wert sein!" meint der Fuchs höhnisch. – Da ist der Rabe wütend über seine Dummheit, und keinem Schmeichler will er je wieder Gehör schenken! Aber der Käse ist verloren!

Das Milchmädchen

Auf dem Weg zur Stadt sieht man die hübsche Maria – die jüngste Bäuerin des Dörfchens. Auf dem Kopf trägt sie einen Krug voll Milch. Den will sie auf dem Markt verkaufen. Froh summt sie vor sich hin.

Um sich die Zeit zu vertreiben, rechnet sie aus, was sie für die Milch bekommen wird. Dann kann ich mir viele Eier dafür kaufen, denkt sie froh. Und weil sie ein helles Köpfchen hat, denkt sie weiter: Wenn die Eier ausgebrütet sind, werde ich viele gelbe Küken haben, und wenn ich diese dann verkaufe, kann ich mir ein kleines, rosiges Schweinchen anschaffen. Wenn das Schwein groß und kugelrund ist, verkaufe ich es und bekomme eine gute Kuh dafür. Dann dauert es gar nicht mehr lange – schon springt mir ein Kälbchen auf der Weide entgegen.

Hier hüpft Maria vor Entzücken. Da fällt der Krug auf den Boden und zerbricht. Verloren sind die Eier, die Küken, das Schweinchen, die Kuh und das Kälbchen!

Die arme Maria aber steht da und schaut auf das vergossene Glück!

Tiere vom Bauernhof

Grauchen und seine Mutter sind heute mit dem Bauern ins Dorf gegangen. Auf dem Heimweg trägt die Eselin die Lasten,

die der Bauer eingekauft hat. – Zu Hause wartet schon die Entenfamilie auf die beiden.

Den Ziegen war es draußen in der Sonne zu heiß. Sie haben sich in den schattigen Wald zurückgezogen und suchen dort nach saftigen, frischen Gräsern.

Selbst der Katze ist es zu warm geworden. Mit ihren Jungen spielt sie unter einem schattigen Baum und döst. Doch auch dabei ist sie wachsam, wenn Gefahr droht!

Die Feldhasen

Nach einem wunderschönen Sommer ist es nun Herbst geworden. Die Blätter fallen gelb, rot und braun von den Bäumen und decken die Erde zu. Die Felder sind abgeerntet und bieten kaum noch Schutz für die kleinen Feldhasen. Man kann sie jetzt kaum noch erkennen, da ihr Fell und die Erde die gleiche braune Farbe haben. Das ist auch wichtig, denn ein Habicht würde einen kleinen Hasen sofort entdecken und als Beute für sich holen. Außerdem beginnt im Herbst die Jagd.

Aber unsere beiden Häschen sind sehr schlau. Sie haben sich im Gebüsch versteckt und warten dort die Dunkelheit ab. Dann rennen sie weiter tiefer in den Wald hinein. Und morgen haben die Jäger sie schon vergessen!

Süße Kätzchen

Der Duft und die prächtigen Farben der Blumen haben die jungen Katzen angelockt. Sie haben auch ihr liebstes Spielzeug mitgebracht – ein Wollknäuel.
Gerne wickeln sie sich in die weiche Wolle ein oder werfen das Knäuel wie einen Ball durch die Luft. Sie genießen die letzten, warmen Sonnenstrahlen. Bald wird der Winter kommen, und die

Kätzchen verkriechen sich dann in die warme Bauernstube. Schau doch einmal hinter den Ofen – vielleicht findest du dort eines! –

Inhaltsverzeichnis